REFLEXIONS

SUR LA BROCHURE

LA RÉPUBLIQUE ET LES INTRANSIGEANTS

Par CHEVALIER

Capitaine retraité, a Villeurbanne (Rhône)

~~~~~~~~~~~~~~~

15 CENTIMES

~~~~~~~~~~~~~~~

LYON

IMPRIMERIE TYPOGRAPHIQUE H. ALBERT
8, rue de l'Hôpital, 8
— 1879 —

57b

REFLEXIONS

SUR LA BROCHURE

LA RÉPUBLIQUE ET LES INTRANSIGEANTS

Par CHEVALIER

Capitaine retraité, a Villeurbanne (Rhône)

~~~~~~~~~~~~~~~~~

15 centimes

~~~~~~~~~~~~~~~~~

LYON

IMPRIMERIE TYPOGRAPHIQUE H. ALBERT

8, rue de l'Hôpital, 8

— 1879 —

RÉFLEXIONS

SUR LA BROCHURE

LA RÉPUBLIQUE ET LES INTRANSIGEANTS

Si tous les hommes suivaient les touchantes recomman-
dations qu'on lit dans une brochure : *La République et les
intransigeants,* brochure qui est dans toutes les mains et
peut porter son auteur à la célébrité, comme tout se passe-
rait ! combien la République apparaîtrait resplendissante
sur son piédestal à tous ceux, qui jusqu'ici, ont eu la timi-
dité de ne prononcer que tout bas son nom, ou pas du tout
Et ceux qui lui ont tendu des piéges, et le voudraient encore, comme ils rentreraient dans leur tanière pour n'en!
plus sortir !

Plus de réaction ! de conspiration ! de cléricalisme ni de
jésuitisme ! plus d'intrigants ! de dirigeants ni de dissidents!
aui dable les intransigeants ! !

Les institutions allant de pair et même en avant du
sentiment public, l'opportunisme, au lieu d'être une désigna-
tion d'hommes marchant trop lentement au progrès, devien-
drait la loi commune ; nous serions tous opportunistes, tous
bons républicains.

De la base au sommet de l'édifice gouvernemental, les divers rouages fonctionnant à qui mieux mieux, nous peuple, citoyens de toutes couches, nous n'aurions qu'à nous laisser aller à une douce sérénité, dans le ravissement, en contemplant un si beau et si nouveau spectacle. Tous gravissant nos gradins, nous ne nous aborderions que souriants et les mains tendues.

Quel concert! quelle harmonie!

Plus de méchants! de médisants ni de calomniateurs! rien que des admirateurs!

Dans les communes (il en faut parler pour hommage à l'auteur de la brochure précitée, leurs affaires paraissant être le fond dans lequel il a puisé) lors de l'installation d'une municipalité nouvelle, on ne verrait point surgir, sans connaître d'où elles émanent, des propositions, des projets affectant les finances, peut-être repoussés par l'ancienne municipalité; on serait plus attentif à ne rien entreprendre prématurément. Les conseillers, animés de sentiments droits et élevés, conséquemment fidèles à leur mandat, auraient à cœur de sauvegarder l'intérêt général de la rapacité des insatiables. L'indignation, le mépris seraient les seules réponses aux exorbitantes prétentions de certains habitants qui visent à empiéter sur le domaine public, de certains fonctionnaires qui se soucient, comme de colin-tampon, de faire écorner sans fruit les finances communales.

Plus de questions importantes mises incidemment sur le tapis en glissant sur l'utilité des propositions, lesquelles seraient toujours étudiées avec soin avant la discussion.

L'ordre de travail des séances, préalablement réglé par le Conseil, il ne pourrait arriver qu'à l'insu de ses membres ou de quelques-uns, ce même Conseil put se trouver en sous-ordre, peut-être d'un secrétaire de mairie, ou d'autres personnes, qui, agissant en vue de leurs intérêts, auraient en quelque sorte dicté des inscriptions à l'ordre du jour.

Partant, plus d'objets dont la paternité resterait inconnue ou douteuse; plus de faits préjudiciables à la masse des administrés, au bénéfice d'un seul, lesquels faits, en même temps qu'ils sont onéreux, défigurent ce qui est riant.

Plus d'acquisition, plus d'aliénation sans enquête sérieuse, quelquefois de gré à gré, oubliant qu'on doit procéder par adjudication et non comme une marchande vend ses pommes.

On ne craindrait, on ne déplorerait plus la perte de ce qui réunit l'utile à l'agréable. La beauté des sites, l'espace, l'aération, seraient précieusement conservés. Les gens à appétence sans frein n'espérant pas attendrir des administrateurs intègres, n'oseraient convoiter la possession de ces sites et les places, les promenades, les beaux points de vue ne seraient pas aliénés ni masqués. Ils offriraient toujours leur attrait, dont l'aspect par des améliorations, des plantations pourrait être rendu plus gracieux encore en augmentant les conditions de salubrité, lesquelles font de même augmenter la population d'une commune et subséquemment la richesse publique.

Les membres des Conseils municipaux, en séance surtout, ne sauraient que se donner des marques de haute convenance, quelque fussent les opinions ; chacun d'eux comprenant qu'il doit garder de la dignité, et que la déférence entre membres d'un corps élu témoigne du respect pour le corps électoral.

Ah ! s'il en était ainsi partout, la République serait aimée, personne ne craindrait de s'écorcher la bouche en prononçant son nom. Mais nous sommes encore loin de la réalisation de ces vœux. Espérons néanmoins ; le temps, grand remède à tous les maux, nous amènera peut-être ces administrations paternelles dont j'ai essayé d'esquisser un coin du tableau.

L'humanité n'a jamais été parfaite, pas plus dans l'anti-
quité que de nos jours. Les sages de tous les temps ont gémi
sur son esprit mal tourné ; les réflexions que nous ont laissées les philosophes, Diogène sortant de son tonneau en plein
midi, une lanterne à la main, pour chercher un homme, le
prouvent surabondamment. Mais je le répète, le temps est
un grand médecin ; ne désespérons donc pas. Peut-être va-
t-il être donné à notre génération de prendre enfin la bonne
voie, sous l'impulsion de la Franc-Maçonnerie, qui a toujours tendu et tend encore au perfectionnement de la race
humaine. N'est-elle pas là pour nous tracer la ligne droite
à suivre ? n'est-elle pas là, sentinelle vigilante, pour nous
maintenir dans cette ligne et prévenir les moindres écarts ?
La Franc-Maçonnerie, dont l'utilité n'a pu, jusqu'ici, toucher
ni être suffisamment appréciée de ceux qui gagnent leur
pain à la sueur de leur front, tous n'ayant pas le temps de
se prêter à ses légendaires et mystérieuses épreuves, ni de
se faire initier à ses merveilleux secrets, il restait une la-
cune à combler, actuellement c'est fait, dans la même brochure on nous démontre très-élégamment que cette société
« est la tête de Méduse des cléricaux ». Elle va donc entrer
dans une ère nouvelle, un nouvel entrain va se produire,
de nombreux adeptes vont s'enroler en masse sous sa
bannière. Elle fera mieux, il n'en faut pas douter, que ceux
qui « du matin au soir, mangent du prêtre à belles dents ».

Espérons donc ! Le noble but que poursuit la Franc-Maçonnerie sera infailliblement et très-prochainement atteint.
Ses louables et persévérants efforts, qui déjà datent de loin,
car elle n'est pas jeune, ne peuvent tarder d'aboutir. Ils
seront d'autant plus sûrement couronnés de succès qu'elle y
aura mis le temps.

Sous l'égide de cette vaste association, nos institutions
pourront être revues, corrigées, augmentées ou diminuées
considérablement. Mieux que personne, elle comprend qu'un
gouvernement républicain, c'est-à-dire de famille, doit sim-
plifier ses rouages, que lorsqu'il n'y a plus de monarque,

plus de potentat, il n'en faudrait pas conserver l'image, si faible qu'elle soit, jusque dans les moindres villages.

Donc, dans les réformes, qu'avec son appui nous comptons obtenir, on peut mettre en ligne la suppression des maires et bien d'autres encore à l'égard desquelles les Francs-Maçons nous ménagent d'agréables surprises, qu'on ne veut pas divulguer en nous parlant de « l'œuvre de plusieurs générations. »

Pas de maire ! vont s'écrier les esprits timorés ; nous sommes menacés d'un cataclysme ! Bonnes gens, ne vous émoustillez pas : une commission municipale pourrait administrer à tour de rôle, d'une session à l'autre, sans que le soleil cesse de se lever du même côté. Il serait ainsi coupé court aux compétitions, et la corruption, source de tant de maux, serait jetée aux ordures. On prierait l'Académie d'en bâtonner le nom infect.

Oh ! on pourra alors brûler un gros cierge en l'honneur de la Franc-Maçonnerie ; alors les beaux rêves se réaliseront, et la brochure, n'ayant pas prêché dans le désert, ses bons conseils seront bien suivis ; nous pourrons revoir l'âge d'or, si tant est qu'on l'ait vu déjà.

Tout marchera enfin comme sur des roulettes.

Pour compléter l'heureuse harmonie, des cours sur l'orthographe et la prononciation pourront être établis partout, de telle sorte que le moindre pédagogue ne puisse redouter le choc d'un nom tronqué, en particulier celui de Franc-Maçon.

Il ne faudra pas que des grincheux, des intransigeants, s'il en pouvait rester, osent venir encore arguer de ci, de là ; on leur dirait : Zut, cause toujours, tu m'instruis.

Plus de mécontents, plus d'envieux, plus de jaloux, fi ! les hiboux !

On n'entendra plus parler de jésuites ; la Franc-Maçonnerie seule les ayant fait tomber comme on abat des noix, étendra partout son aile protectrice ; nous pourrons alors chanter :

Bénissons à jamais...

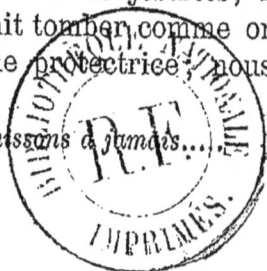

Mais, — ah ! il y a un mais, — allez-vous dire, bon lec-
teur ? — oui, il y en a un, peut-être plusieurs. — Continuant
de lire la brochure aux bons conseils, je trouve : « L'élu
« doit nous être sacré pendant toute la durée de son mandat ;
« nous devons lui laisser son indépendance complète, etc. »
C'est là qu'est le *hic*, et je demande bien pardon à l'auteur
si, cette fois, je ne suis pas de son avis.

Si ce mandat, pendant la durée duquel l'élu doit nous être
sacré, n'est pas bien rempli ; si, par l'indépendance complète à lui laisser il ne fait pas, ou fait bien peu, ou, encore,
fait tout le contraire de ce que ses électeurs attendent de
lui ?

Tant pis pour eux, fallait pas qu'i-s-y aillent. — Très-
bien ! — Ils souffriront, et l'humanité n'étant pas encore à
un haut degré de perfection, les tant pis pourront se renou-
veler.

Jacques Bonhomme aura pendant plusieurs années à se
dire : Je me suis encore *blousé*, et courir risque de se le
répéter après d'autres élections.

Mais au lieu de tant d'abnégation, on pourra répondre à
ceux qui en seraient alléchés : Je ne veux pas de ce joli
rôlet ; je suis le souverain, je tiens la corde ; il faut que ceux
que je charge de me faire des lois républicaines et d'administrer mon bien s'en occupent au mieux de mes intérêts et
m'en rendent compte.

A mon humble avis, Jacques Bonhomme aurait bien rai-
son ; le mandataire doit aller à ses électeurs, se retremper
parmi eux, s'inspirer de leurs sentiments, etc.

Ces bons rapports, cette union entre mandataires et man-
dants, sont aujourd'hui dans la pensée de tous.

Ils ont été tant de fois, et très-éloquemment, exposés
dans des écrits divers et dans les publications journalières,
qu'il pourrait paraître puéril qu'ils fussent répétés ici.
Qu'une réflexion pourtant me soit permise :

Quiconque accepte un mandat avec la pensée d'en user à

sa guise et d'en prendre à son aise à l'égard du mandant, commet une indélicatesse, une indignité.

Mais, arrivés à l'heureux temps que nous pressentons, Jacques Bonhomme, s'il le trouve bon, pourra détendre un peu sa corde ; néanmoins, se souvenant toujours que, pas plus que l'habit la parole ne fait le moine, et qu'il fera bien de garder l'habitude de juger les gens d'après leurs actes, commençant, bien entendu, par ceux chargés de fonctions publiques, lesquels hommes, sages, dévoués à l'intérêt général, se prêteront de la meilleure grâce aux examens sur la gestion des affaires à eux confiées.

Le seul obstacle aux investigations, sera la modestie des administrateurs ; mais à un caractère modeste, ils joindront de la générosité, beaucoup de grandeur d'âme ; ils ne voudront donc pas se dérober et priver leurs administrés du plaisir de leur prodiguer des louanges, d'ailleurs, bien méritées et jamais de blâmes.

L'origine des choses entraîne avec elle le bien ou le mal, selon qu'elle est bonne ou mauvaise. Les choses étant d'un ordre élevé, l'origine entachée de vice peut causer de grands troubles, des calamités, des désastres. Nos dernières monarchies ont eu toutes une tache originelle.

Les deux empires sont venus en escamotant la République. La royauté, soit disant légitime, est revenue dans les fourgons des ennemis de la France. La royauté de 1830 est venue par ruse et surprise.

Toutes ont ainsi manqué de principe vital ; leur durée n'a été que lutte, résistance aux aspirations du peuple. Toutes se sont effrondrées au bruit des armes, et les traces sanglantes, les ruines qu'elles ont laissées, donnent la mesure de leur criminelle origine.

Lorsque les choses ne sont que d'ordre inférieur, l'origine malsaine entraîne déboires, pertes, misères.

Dans tous les cas, le pays règle toujours les frais, en d'autres termes, Jacques Bonhomme, qui heureusement a bon dos, paye la casse, subit les désastres, supporte les misères.

Cela t'arrive, ô Jacques Bonhomme ! parce que tu es trop oublieux, souviens-toi et ne sois pas indifférent aux choses de peu d'apparence qui, de prime abord, semblent ne devoir pas éveiller ton attention.

Les petites choses vont aux grandes.

Le mécanisme des préliminaires d'élections, bien pioché, bien potassé, dans la brochure *la République et les intransigeants*, ne peut faire accepter que l'élu doit être sacré et indépendant.

La savante théorie exposée, ne prouve absolument rien. Elle ne prévoit et ne dit mot des jolies manœuvres, des intrigues, ni des tripotages.

Je vais tâcher de suppléer aux omissions, par un exemple pris au hasard, dans le tas.

Ne peut-il arriver, n'arrive-t-il jamais qu'une commune fractionnée en section, obtienne, suivant le vœu de l'opinion publique, de procéder à ses élections par scrutin de liste, ou communal ? et qu'à l'époque de ces élections, par certains agissements, de petites menées, dont le mobile pourrait se trouver dans des questions d'intérêt individuel, ou de localité, on détruise ce scrutin de liste, en faussant le principe, le but que les électeurs s'étaient proposés ?

Il suffit de l'influence d'un gros bonnet sur des délégués, qui, peut-être à leur insu, deviennent compères, ou de l'influence de candidats peu drapés à la Romaine, qui ne peuvent attendre dans un maintien stoïque, que l'urne ait parlé et la farce se joue ; le scrutin de liste reste nominal, à l'état platonique, et lorsqu'il ne devrait pas être parlé de section, on en rétablit indirectement le scrutin, en faisant adopter par le comité des délégués, *un nombre fixe de candidats pour chacune d'elles* et ce, d'autant plus facilement, qu'on a affaire à des hommes trop confiants en la sincérité de ceux qui hurlent avec les loups, et d'ailleurs, peu initiés aux savantes combinaisons des retors en la matière, surtout vers la fin des périodes électorales.

———————

Dans la brochure susdite, les mots ambition, ambitieux, n'ont pas le sens qui doit leur être attribué. On peut, i est vrai, se méprendre sur le mobile qui fait agir les hommes, mais il ne faut pas en induire que l'ambition est un vice.

Les caractères seuls peuvent être mauvais, vicieux ; parmi ces caractères, on peut placer les hommes qui acceptent le dicton : La fin justifie les moyens.

Ces hommes sont tous affamés de jouissances matérielles ; ils ne visent qu'à satisfaire leur pauvre orgueil, leur ridicule vanité.

Il en est qui ne se rebutent de rien pour parvenir au but désiré.

Les uns renversant tout obstacle ; sabrant à droite et à gauche, se font faire jour et place ; d'autres, pour le même but, se contentent de jouer des coudes.

D'autres, pour en venir à leurs fins, ont recours à la ruse, à l'intrigue ; au besoin, ils sauront se mettre à plat-ventre ou donner de l'encensoir, tant, tant, jusqu'à risquer de trop l'approcher du nez.

D'autres, enfin, font la cour à dame Popularité, qui fait d'autant plus la difficile, sa Sophie, qu'on est plus empressé auprès d'elle ; tandis qu'on obtiendrait mieux ses faveurs en la laissant tranquille.

C'est ainsi qu'on en voit encore qui, pour parvenir aux honneurs et en porter des marques, n'ont rien de plus pressé que de s'avilir.

C'est fort ! plus fort que de mettre du liquide dans un panier.

Ce qui est cocasse, c'est la qualification d'ambitieux donnée à ces gens-là !

Quelle aberration !

Heureusement que la vue peut se reposer sur des hommes qui se contentent du chemin ouvert devant tous et pour tous. Ils vont toujours s'efforçant d'améliorer ce qui est à leur portée, sans bruit de grosse caisse.

Ils ne visent qu'un but, le bien dans le présent, en travaillant de leur mieux à l'assurer et à l'augmenter pour l'avenir.

Je m'incline avec respect devant cette dernière catégorie d'ambitieux.

On peut donc conclure que l'ambition, cette ardeur qui peut porter l'homme aux grandes choses, aux belles actions, ne peut être un vice, mais une vertu sans laquelle le progrès est impossible.

Il faut de l'ambition, mais elle doit se modérer elle-même, chacun connaissant ses moyens, ses capacités, ses aptitudes, qui sont les justes bornes à lui opposer.

Elle est légitime, si le but d'utilité qu'elle se propose embrasse le pays, la famille, l'individu.

Point d'ambition ! Il faudrait donc rester cois, comme des saints dans leur niche ?

C'est alors que le « collier d'esclavage » se trouverait rivé à neuf.

En affaires publiques, l'ambition doit être portée au succès des entreprises politiques ou administratives, en un mot au bien-être général.

En affaires privées, elle doit concourir à ce bien-être général et donner satisfaction à l'intérêt particulier.

Martin a fait une bonne récolte, il a pu vendre du blé et en garder ; il a du vin en cave et il en a livré au commerce ; mais bien que content, il se dit : Ce fichu oïdium m'a bien levé au moins une pièce de vin. Une façon de plus à ma terre, si j'avais pu la lui donner à temps, au lieu de trois sacs de blé que j'ai vendus, j'en aurais pu vendre quatre, peut-être bien cinq, et, continuant son monologue, en se frottant les mains, il ajoute : L'année prochaine, je façonnerai si bien mon champ, je soufrerai si bien ma vigne, qu'il faudra que la grêle s'en mêle pour m'empêcher d'avoir ça en plus.

Un homme d'Etat, un ministre se dit : La France est en paix et respectée des nations voisines, l'intérieur est calme, notre chère République implante de plus en plus profondément ses racines ; la Chambre m'a alloué les crédits qui me sont nécessaires, je vais faire en sorte que les réformes, les améliorations qui m'ont été signalées, et que j'ai conçues, s'opèrent promptement, afin que la prospérité du pays, déjà bonne, aille toujours en progressant.

Très-bien ! M. Martin, très-bien ! M. le Ministre. Vous êtes des ambitieux, mais si l'ambition vous donne honneur, gloire, richesse, nous nous en réjouirons ; la juste récompense de ses efforts, sera un heureux succès pour tous.

C'est d'un bon cœur prendre la défense du gouvernement, des députés, des fonctionnaires, contre des propos inconsidérés de républicains qui, ne réfléchissant pas, prêtent une oreille trop crédule aux méchants discours de jésuites de toute robe, et assez naïfs pour se faire ainsi « les instruments de la réaction. »

Mais, dira-t-on, qui les attaque? Ne faut-il plus parler? faut-il croire que, pour ce qu'emporte le vent, ou pour des articles qui peuvent être des avertissements salutaires, l'anarchie va déborder partout?

Amis! ne trouvons point là de vétilles, réfléchissons mieux, mesurons nos propos, ne songeons qu'à soutenir, à encourager; semons des fleurs sous les pas de l'autorité; on pourra même, si nous devenons bien sages, nous rendre, « sans brûler une amorce, » nos provinces perdues!

Après cela, si le gouvernement n'est pas dans la jubilation; si nos sénateurs, nos députés, nos préfets, en un mot tous ceux qui tiennent un manche d'outil gouvernemental, ne se rengorgent pas, comment faudra-t-il faire les lits?

La démocratie divisée? rien là de surprenant! Partout où s'insinuent des intrigants parlant haut, des tripoteurs auxquels il faut la part belle, se croyant seuls appelés à tout conduire, il y a division.

Pour ces gens-là, si bien figurés par la mouche du coche, la qualification de démocrates est improprement appliquée, c'est trop d'honneur leur faire. Ils n'ont pas de drapeau; ils s'accommodent de tous les régimes. Où d'autres sont victimes, eux retombent toujours sur leurs pattes.

De la division qu'ils sont habitués à semer, s'il surgit des difficultés, c'est le lapin qui a commencé : le peuple est ingouvernable, il rend la République impossible.

Ce brave Jacques Bonhomme ne demande au contraire qu'à être bien gouverné, afin de vivre en paix en travaillant et qu'une juste rémunération de ses labeurs puisse parer aux mauvais jours, aux besoins de l'âge avancé.

Si les intransigeants sont réellement d'un caractère difficile, toujours prêts à fronder, la brochure, qui néanmoins a
le mérite d'être courte, leur fait joliment sentir leurs tra-
vers.

Tudieu ! pareille averse d'aménités telles que celles-ci :
médire, outrager, décrier, etc., etc. Ils se souviendront
qu'il n'est pas de mode d'agir carrément ! Il faut penser
aussi que s'ils « ont l'esprit malade », la quiétude pourra leur
revenir, qu'ensuite avec les transigeants, ils chanteront :

Esprit sain descendez en nous.

Et les « catholiques sincères », qui ne trempent en rien
dans les conspirations, se joindront au cortège, pour en augmenter l'harmonie, chantant de leur côté :

Heureux le cœur fidèle :

Puis tous s'embrasseront, l'union sera cimentée.
Mais zut ! pour le « bataillon sacré des jésuites. »

CONCLUSIONS

Méditons les fables du bon Lafontaine. Chacun y pouvant
trouver pour soi-même une juste application, telle que nous
la trouvons pour tous dans la fable qui nous est sagement
recommandée :

« Les grenouilles qui demandent un roi. »

Dans d'aussi beaux sujets de méditation, n'oublions pas non
plus :

La grenouille qui veut se faire grosse comme un bœuf.

Ne parlons de nous-mêmes que si on nous met dans cette
fâcheuse obligation, surtout lorsqu'il s'agit de nos proues-

ses ; la renommée aux cent voix se chargera elle-même, le cas échéant, d'emboucher sa trompette.

Si elle oppose la force d'inertie, ne cherchons pas à l'émouvoir par des démonstrations tendres, son caractère tient de celui de popularité.

Souvenons-nous qu'il n'y a pas de feu sans fumée et qui ce qui vient par la flute s'en va par le tambour.

CHEVALIER,

Capitaine retraité.

Villeurbanne, 3 décembre 1879.

www.ingramcontent.com/pod-product-compliance
Lightning Source LLC
Chambersburg PA
CBHW070755280326
41934CB00011B/2941